7
L.K 1190.

RÉPLIQUE

A LA BROCHURE INTITULÉE

L'EMPRUNT

DE

VINGT MILLIONS

ÉTUDES SUR BORDEAUX.

PAR

L.... L....

> On vous propose la somnolence, l'état de chrysalide perpétuel, mais non d'éclore au soleil du progrès! et d'insecte devenir papillon.

1861

RÉPLIQUE A LA BROCHURE

INTITULÉE

L'EMPRUNT DE VINGT MILLIONS

ÉTUDES SUR BORDEAUX.

La parole de Dieu ne s'explique pas, disent avec sagesse les Arabes! Cherchons donc à expliquer celle des hommes; et, eu égard à l'intérêt qui s'attache au sujet qui nous occupe, nous serons, espérons-le, absous de notre essai dans l'examen analytique de la brochure signée *Trois Etoiles*, intitulée : *Emprunt de 20,000,000*.

Quand on parle au public, si l'élégance et la richesse du style devaient suffire, nul doute que l'auteur de la brochure en question n'eût cueilli la palme de l'éloquence ; mais, qu'on ne l'oublie pas, c'est l'ombre des choses et la proie dans un siècle matérialiste comme le nôtre est quotidiennement exigée. Cela est si vrai, que l'ex-administration a été élaguée par l'indifférence publique pour avoir précisément méconnu ce principe. Son apathie a été son arrêt de mort presque autant que ses hésitations.

Ce point admis, faisons nos réserves sur le sens et la portée du vrai, si fugitif, si variable, si fragile, si capricieux, qu'en France il n'est que très rarement absolu. Les fantaisies, la mode, la passion et l'intérêt surtout l'ébrèchent si souvent, qu'il nous paraît bon de faire cette remarque; car notre examen peut et doit avoir son point vulnérable, son talon d'Achille, d'autant plus facilement que tous les jours les vérités les plus rationnelles émises par nos semblables sont disséquées et contestées; notre faillibilité de logique se soumet donc très volontiers à l'arbitre souverain que les anciens nommaient *turba* et que nous appellerons l'opinion.

En effet, pour la gagner, il ne s'agit pas d'avoir quelquefois raison, d'être sage comme Caton, d'avoir à son égard la prudence de Mentor, l'éloquence de Cicéron; il faut, l'on doit céder, prévenir ses désirs, souvent ses passions, trop heureux quand elles restent circonscrites dans le cadre du possible et du sage progrès.

Deux systèmes, on le sait, se partagent le monde : celui du mouvement, mais tout au plus du mouvement de la tortue, et celui du progrès, mais du progrès à toute vapeur; c'est ce qu'on appelait le *statu quo* ou système progressif sous l'ancien régime, qui avait cru trancher habilement la difficulté en se mettant à cheval sur les deux choses comme il l'avait fait sur les principes. Cette vie d'équilibriste lui avait même acquis le sobriquet de gouvernement du juste-milieu, et ce juste-milieu nous a mené tout droit à la situation actuelle, c'est-à-dire à gouverner, tout absolu ou tout puissant qu'on paraît, non selon son bon plaisir, mais selon les intérêts, les aspirations populaires. Il faut donc compter et largement encore avec ce fait dominant; et nous croyons que *M. Trois Étoiles* a trop méconnu cette inflexible nécessité qu'il faut satisfaire à tout prix sous peine de Proudonisme. — Ainsi, le roi est mort, vive le roi! — un progrès est fait, vive cent, mille progrès! A bas les mesquins calculs, les chiffres élastiques, nauséabonds, les supputations, les tâtonnements administratifs, tristes fléaux! On le sait, l'argument de chacun, l'argument général se retrouve dans ce besoin de jouir et se résume dans ce cri national : En avant, toujours et partout, en avant!

L'administration qui appliquera largement ce programme ne suivra que la filiation des idées économiques dont forcément elle s'écartera un instant pour parvenir à l'emprunt, mais elle y retournera de nouveau autant par le courant de ses idées que par la force des choses et par les conséquences des améliorations opérées; aussi n'est-ce pas 20, mais 30 millions que nous voudrions qu'on empruntât pour les compléter.

Ce serait l'écluse puissante qui contiendrait seule le torrent des désordres passés; ce serait l'ancre de salut sur laquelle viendraient se grouper, non-seulement quelques alignements, etc., etc., mais encore toutes les modernes et indispensables créations agricoles, morales, industrielles ou commerciales dont Bordeaux a tant besoin. Enfin, en poursuivant vaillamment les réformes de tous genres, nos Ediles pourraient un jour se retirer, suivis des regrets et de la considération publique avec le sentiment d'avoir fait ce qu'ils ont pu. Et, à coup sûr, personne ne dira d'eux : C'étaient des hommes rassasiés, qui ne pouvaient croire que les autres avaient faim.

Une des préoccupations de *M. Trois Etoiles* dans son amour de *la siesta,* est de s'attendrir sur le rôle qu'auraient à jouer les administrations à venir. Ce contre-sens ne s'explique guère; mais, à diverses reprises, il est positivement énoncé : « Si vous faites tout, vous ne laisserez plus l'arène
» ouverte aux améliorations, et vous réduirez les deux géné-
» rations qui vont nous suivre à l'impossibilité de rien en-
» treprendre, etc. »

Elles feront ce que vous voudriez que l'on fît à cette heure; elles seront condamnées non aux travaux forcés, mais à l'inaction forcée, le pire de tous les maux, si elles ne savaient se tailler de la besogne. — « Elles se contenteront de ré-» tablir l'ordre dans nos finances, répareront par une stricte » économie les maux des folles prodigalités, et rendront » ainsi le ressort à nos ressources épuisées. » Pourquoi donc ce rôle de père noble perdrait-il de son mérite en l'an de grâce 1901 ?

Les finances obérées pendant trente-six ans lui paraissent un scandale, comme si les parcimonies tristement intelligentes et les gaspillages échevelés du passé, qui pourtant n'a rien ou presque rien demandé à l'emprunt, n'avaient produit sans profit pour personne la même pénurie qu'il redoute, et tout en consolidant le marasme n'avait pas laissé la caisse vide, tout ou presque tout à refaire, à moins que le clinquant éphémère de la fonte et du zinc ne soit compté pour quelque chose de durable, de beau, de bien, de sérieux !

Sans doute, il est fâcheux que la ville du libre-échange frappe ses vins de 80 c. de plus par hectolitre de droits d'octroi, etc.; il vaudrait mieux charger l'industrie parisienne, le palissandre, l'acajou, les colifichets, les bijoux, les porcelaines, etc., et abaisser les droits sur les objets d'alimentation ; mais le pouvoir ! mais le résultat de ces tentatives si on les effectuaient ! ! !

Sans doute les vieilles convictions des Bordelais en paraîtront atteintes ; elles l'ont été déjà si souvent sous tant de formes, et ces contradictions plus apparentes que réelles que vous stigmatisez, n'existent-elles pas aussi un peu dans vos idées?

Ainsi, au sujet du pont, tout en vous déclarant défenseur de la liberté commerciale, vous la marchandez à vos concitoyens ! Vous allez plus loin, vous leur contestez la liberté de circulation et d'alimentation même ; et par des arguties mal-

saines, vous ajoutez : « Ne passant que deux fois l'an sur le
» pont, est-il juste qu'on impose dans le but de ce rachat
» mon vin, mon café, mon charbon? »

Au nom d'un principe libéral, vous soutenez chez les vôtres un principe restrictif, une logique déplorable dont l'application décréterait à l'instant l'impuissance administrative. A ce compte, moi qui ne vais pas au théâtre, je n'aurais pas dû contribuer à l'entretien du chef-d'œuvre de Louis. Mon voisin, qui fréquente peu les musées, les bibliothèques, devrait être aussi dégagé d'impôts. Quel est celui d'entre nous qui, comme vous le dites dans un style pittoresque, consentirait à payer « le voyage triomphal de cet arbre à feuilles
» persistantes sur des rails ébréchés! » voyage dont l'addi-
» tion s'élève, dit-on, au chiffre ronflant de 30,000 fr.

Signaler de tels écarts devrait presque nous suffire; mais nous ne pouvons que protester doublement au sujet des voies de communication, qui en économie passent pour l'âme d'un pays, à plus forte raison lorsqu'il s'agit des abords d'une grande ville; disons que ce n'est pas un, mais bien deux ponts qu'il nous faudrait pour atteindre le niveau des moindres bourgades.

L'auteur ne nous paraît pas mieux inspiré quand il soutient que la question du rachat n'est aujourd'hui pour la ville qu'une « question étroite depuis que les chemins de fer d'Or-
» léans et du Midi ont été reliés par une passerelle. »

Il n'a sans doute pas réfléchi que les recettes ne peuvent aujourd'hui être prélevées que sur nos populations, et comme leur niveau est le même, cette charge en devient dès-lors et plus lourde et plus odieuse.

Il se fourvoie aussi en ne mettant en ligne du budget que 300,000 fr. Si nous avons bonne mémoire, c'est au moins le triple qu'il aurait dû noter, car la somme totale exigée s'élève, ou peu s'en faut, à 4 millions, somme fort respectable dont la moitié suffirait à construire un second pont et à obtenir la circulation ordinaire sur la passerelle, deux progrès réclamés par des milliers de pétitionnaires bordelais. A ce sujet, qu'on nous permette d'émettre une hérésie pour quelques-uns, un acte de foi pour beaucoup d'autres, à savoir que si ces concurrences avaient été faites au pont, que ni les actionnaires n'auraient perdu un sou, ni la ville déboursé une obole ; cette allégation est appuyée par des précédents et une enquête administrative et par cent autres faits connus de tout le monde (1), les intéressés n'auraient rien perdu, parce que l'Etat leur garantit un minimum d'intérêt de plus de 8 p. 100; dans le cas où la concurrence eût détourné toute clientèle, l'Etat payait intérêts et dividende ou plutôt rachetait tout seul et tout de suite pour éteindre cette espèce de rente perpétuelle.

Au sujet de l'annexion, l'auteur n'est pas plus heureux. Pour lui rien n'a marché depuis dix ans. Il prétend que si l'on consultait l'opinion, le projet de M. Castéja serait noyé dans l'urne du scrutin. Il oublie que ce qui pouvait être à peu près vrai sous M. Haussmann ne l'est plus déjà depuis longtemps. A cette époque, l'octroi de La Bastide n'existait

(1) L'administration supérieure a voulu se rendre compte de l'influence des chemins de fer sur les grandes routes ; elle a constaté que la circulation avait augmenté de 47 dixièmes p. 100 sur l'ensemble des routes impériales. En présence de ce fait, qui rencontre tant d'incrédules, le pont aurait, comme cela a eu lieu à Toulouse, etc., etc., gardé ses passagers, et il s'en serait trouvé d'autres pour les concurrents, de même qu'il se trouve des voyageurs pour les bateaux à vapeur, pour les chemins de fer et pour les diligences en rivalité, ainsi qu'il s'en trouve pour les omnibus, les fiacres et même les coupés, pour le télégraphe électrique et l'administration postale. Toute amélioration dans ce sens puise sa vitalité dans sa propre essence.

pas; aujourd'hui il fonctionne; le pont de jonction surtout n'était pas même commencé; le chemin du Midi s'exécutait; mais à cette heure l'un et l'autre, livrés au public, enlèvent voyageurs et camionnage, et anihilent même la gare d'Orléans ! Or, que reste-t-il à La Bastide ? Le désir, la nécessité d'être englobée dans Bordeaux, de devenir, par le rachat du péage, le quartier même le plus central de la cité, d'être mieux administrée, de partager la prépondérance bordelaise, d'augmenter en population autant par l'effet du courant irrésistible que par sa situation admirable, enfin d'acquérir une plus-value dans ses immeubles; vérité que l'auteur avoue quand il dit « que 5 millions seront acquis à la rive droite, » du jour au lendemain, par la seule suppression du péage. » Donc, si les centaines de pétitions émanant des Bordelais et des riverains demandent non-seulement ce rachat, mais encore la passerelle; s'ils ont fait les cotisations pécuniaires, contestées mais réelles, *M. Trois Etoiles* est mal venu de leur proposer d'une main ce qu'il leur retire de l'autre, et surtout ce que ne leur donne pas « cette grande modération » dans les charges, cette grande liberté commerciale si van- » tée, » contre laquelle la Municipalité de La Bastide a pétitionné.

Que gagnera Bordeaux ? 1° l'union qui fait la force; 2° une influence politique et commerciale incontestable par l'adjonction d'une population et d'un commerce important; 3° l'agrandissement de son port; 4° l'unité administrative dont il profitera, avantage séduisant compris par Bayonne et appliqué à l'égard de Saint-Esprit, quoiqu'il y eût de plus grandes difficultés à s'annexer cette ville qui dépendait d'un autre département; 5° Bordeaux gagnera aussi une étendue de territoire, non sur des sables stériles, mais sur la rive la plus belle, la plus fertile; 6° une gare qui pourrait, ou plutôt devrait se transformer en docks et offrir au public les avantages d'une situation unique qu'on ne trouvera nulle part aussi centrale ; institution indispensable, germe fécond qui, à lui seul, contient en esprit et en substance la rénovation commerciale dont nous avons le plus impérieux besoin.

C'est à dessein qu'à propos de l'annexion nous avons dit : un agrandissement sur la rive la plus belle, la plus fertile; nous allons déduire nos raisons. Bien que séparés seulement par un viaduc de 500 mètres, les riches terrains de la rive droite, par l'effet de ce cancer nommé péage, ont toujours été négligés, presque abandonnés de la culture maraîchère surtout. Comment venir à Bordeaux avec une charrette dont le prix d'aller et de retour enlève presque la valeur du chargement, tandis que les terrains, même stériles, environnant toutes les grandes villes, sont industrieusement exploités en produits horticoles ou autres. A nos portes, à une portée de fusil du cœur de la ville, nous voyons les meilleures terres du monde rester en friche. A qui la faute? Qui est-ce qui, par contre-coup, en subit les effets, si ce n'est le peuple de Bordeaux, qui paie ainsi tout plus cher et ne connaît l'abondance des produits de la terre que de nom?

Sous le rapport de l'agrément, des promenades, est-ce que les étrangers et les citadins même n'apprécieraient pas l'avantage de ces avenues si centrales, si pittoresques, si aérées, situées en amont et en aval du pont, et qui n'auraient besoin que de l'œil vigilant de l'autorité pour protéger des arbres déjà beaux que certains industriels lacèrent, maculent impunément du matin au soir?

Nous sommes assurément de l'avis de *M. Trois Étoiles* autant que de celui de tout économiste; nous soutenons que les octrois sont une insulte permanente à la dignité et aux instincts populaires; après tant de révolutions, leur existence étonne autant qu'elle blesse; le vin surtout qui, comme produit agricole, est le plus beau don que Dieu ait fait à la

France; le vin, disons-nous, ne devrait pas supporter ces rigueurs qui le traitent en produit pestiféré. Si le Gouvernement se vante de protéger l'agriculture, il ne peut sans félonie tolérer une monstruosité qui n'a que trop duré : l'industrie a bien assez abusé de ses faveurs, il est temps que l'agriculture profite de quelques miettes de ce festin. Que l'on compare ce riche et inimitable produit à n'importe quel autre, on conviendra qu'il n'a pas de rivaux! Trois millions d'hectares arrachés à la stérilité, produisant 40 millions d'hectolitres, fret presque unique de nos navires, représentant une valeur d'un milliard! Ces titres méritent quelques égards.

Ces raisons nous font penser que les octrois devront avant peu se modifier et disparaître comme ces météores qui se consument eux-mêmes. Quand et par quoi seront-ils remplacés... Ce n'est pas notre affaire.

Ils devront s'adoucir et au plutôt pour les produits indispensables, blés, viandes, combustibles, etc., etc. Les réformes opérées en Belgique nous présagent la fin d'un système inique, réprouvé par le pays entier. Mais en attendant ce jour désiré, les municipalités n'ont ni pouvoir ni moyens de se passer d'impôts. Le bilan si désastreux du commerce bordelais (1), très inférieur aux autres ports rivaux, plaide mieux que nous ces nécessités. Il faut ici des réformes énergiques, des améliorations, des encouragements, de l'initiative surtout; il faut, en un mot, se tenir au niveau des concurrents, sinon les dépasser; et comment l'espérer sans argent; aussi, ne voyons-nous dans le projet de M. le Maire qu'une partie des débours indispensables ici (nous le prouverons).

Marseille a bien dépensé 40 millions pour aller chercher à

---

(1) D'après la statistique administrative, le chiffre des affaires dépasse, dans le petit port de Boulogne, celui de Bordeaux, et augmente tous les ans.

quinze lieues de distance la Durance qui aujourd'hui abreuve ses habitants et les nourrit même, car sa banlieue est maintenant irriguée et l'alimentation de la ville y trouve son compte par la création d'innombrables jardins maraîchers qui n'existaient pas avant ; il est aussi vrai de dire que la municipalité marseillaise ne lésine ni sur les dépenses naturelles que nous appelons directes, ni sur celles dites indirectes et qu'ici on repousserait avec férocité. Ainsi, lorsqu'il s'agit de choses touchant au commerce, l'administration provençale ne se tient pas, comme la nôtre, dans une pudique réserve; au contraire, elle pousse à la roue, elle excite par des subventions adroites ou des faveurs les créations industrielles ou commerciales qui se fondent dans son enceinte et aident à sa prospérité.

Ainsi, la création des avant-ports, des docks, des bassins de carénage, de certaines industries, la construction d'une cathédrale, la reconstruction de Notre-Dame de la Garde, de la Bourse, l'installation des paquebots du Levant et même des simples bateaux de plaisir sur les îles d'If, dans le but unique d'amuser ses habitants, le Prado agrandi, le jardin zoologique, etc., etc., ont trouvé dans les administrateurs non-seulement aide et concours moral, mais encore le nerf de toute chose, c'est-à-dire de l'argent.

Nous pourrions aussi signaler le Havre, ce Marseille du Nord, où l'on retrouve les mêmes tendances. En tous temps cette cité a engagé courageusement l'avenir pour étendre et développer son commerce, régénérer la ville, supprimer ses fortifications et les distances en créant de vastes voies de communications extérieures, en creusant d'innombrables bassins, des docks, etc., etc.; aussi peut-on hautement affirmer que ce n'est pas uniquement à sa situation que sa splendeur est due, mais autant à l'active persévérance de ses habitants et aux louables efforts de ses administrateurs. En ce moment même on construit un avant-port de 1,700,000 mètres de superficie ! L'on empiète sur la mer et l'on fait les choses de manière qu'à basse marée, de nuit comme de jour, l'on pourra y introduire des navires d'un tirant d'eau d'un minimum de 7 mètres et les maintenir à flot en tous temps.

Comme on le voit, les pouvoirs publics et municipaux marchent hardiment et conjointement, et ailleurs l'on ne se fie entièrement ni aux compagnies ni aux particuliers, ni même uniquement aux Chambres de Commerce pour accomplir des travaux qu'ici on laisserait éternellement à son initiative.

Aussi, en peu de mots, voici le résultat de son essor :
En 1836 les recettes des douanes furent de 18,602,000 F.
En 1858   — — —   41,600,000
Navires entrés en 1838 : 4,559, jaugeant 613,000 tonn.
  — en 1858 : 6,672, — 1,050,000

Magnifique mouvement commercial qui nous rend Pygmées et prouve jusqu'à l'évidence que si l'on veut fermement, ce n'est pas avec des éponges que l'on arrive à faire pénétrer les clous dans les murs, mais (selon les Aragonais) bien plutôt avec la tête à défaut de marteau.

Tout marchant ailleurs, nous sommes, nous l'avons dit déjà, rouillés, arriérés, encroûtés, effacés ; pendant qu'on nous marchande un ou deux ponts et quelques réformes indispensables, Lyon possède quinze ponts, aujourd'hui tous gratuits, une rue Impériale, merveille bâtie en une année, un bois de Boulogne, etc. ; Nantes possède un jardin des plantes admirable, agrandi en rasant les rues adjacentes, des ponts à foison, des docks, etc. A l'étranger, Hambourg sous l'influence d'une crise non effacée, ralenti dans son commerce par des calamités imprévues, encore en arrière commercialement parlant sur 1857, Hambourg, à l'heure qu'il est, s'impose un sacrifice considérable pour affranchir son commerce d'une charge plus gênante que lourde, celle du

Stader-Zoll ou du péage de Stade, prélevé sur la navigation de l'Elbe. Hambourg, disons-nous, bien loin de circonscrire ses efforts dans les sophismes intéressés ou égoïstes du mien et du sien, vote en ce moment une somme de plusieurs millions de thalers. Eh bien, toutes les nations y ont intérêt : l'Angleterre, le Hanovre, la Suède, les Pays-Bas, etc., etc., en profiteront surtout. Cette ville intelligente ne recule pas devant un énorme sacrifice pour détruire cette permanente insulte à la liberté.

Ce n'est pas celui à qui l'on prête qui est à plaindre; mais celui à qui l'on refuse. (Prov. Valaque).

On s'effraie de dettes à contracter, et bien à tort à notre avis; l'immense développement des affaires que font éclore certaines améliorations bien combinées, produit souvent un résultat si inespéré, que les charges de l'emprunt passent presque toujours inaperçues. Une ville n'est pas une famille; la surveillance, le contrôle sont une égide sérieuse, sinon toujours, du moins presque toujours. L'exemple de Paris, de Lyon et de toutes les villes plaide en faveur de notre assertion. Tous les siècles ne sont pas témoins d'une fâcheuse direction.

Nous savons parfaitement que certaines excitations fébriles touchant la truelle ont leur mauvais côté, créent une artificielle prospérité, mélange de luxe, de gêne, de vanité, de misères secrètes; nous réprouvons de tout cœur la *furia* parisienne à ce sujet, qui n'a omis qu'une chose, mais la plus importante, c'est que les nouvelles maisons, bien qu'égalant les anciennes par le nombre, peuvent lutter sur ce dernier point, mais non en bon marché; que les anciens quartiers avaient petit à petit subi de terribles concurrences : celle du confortable, celle du déplacement, celle de la mode et celle qui les résume toutes, celle du temps; que le nouveau ne peut arriver à la dépréciation que petit à petit ou par des causes de force majeure réitérées ; de là dérive la cherté des loyers ; aussi sommes-nous beaucoup moins partisan de l'ouverture de la rue de la Mairie, que de tous autres travaux bien plus utiles, tels que halles, docks, ponts, fontaines, égouts, lavoirs, promenades, enfants abandonnés, asiles agricoles, bibliothèques, musées, etc., etc., dont il faudra que l'on s'occupe avant peu.

Nous détestons aussi le faux, le malaise dans certains mieux qui, en troublant l'harmonie générale, n'aboutissent qu'à la ruine. Le percement des vieux quartiers, repaire des mœurs antiques, occasionne des ravages cruels, par des déclassements trop subits ; les vieilles coutumes, la simplicité, l'amour du travail, font place à l'invasion des richesses ; ce que l'on peut considérer du même œil que l'invasion des barbares. Nous reviendrons sur certaines améliorations indiquées ; occupons-nous de cet épouvantail, c'est-à-dire de l'emprunt.

Il a été un temps où l'on était parvenu à infiltrer la défiance et les préventions avec des chiffres ronflants. Le grand talent des hommes de l'opposition consistait, il y a trente ans, à mettre en avant les 900 millions du budget et de crier au feu avec cette torche incendiaire à la main. On a si bien réussi, que diverses révolutions en ont été la suite. Aujourd'hui notre budget s'élève à 2 milliards, et si l'Etat le voulait il trouverait encore à emprunter. A mesure que les intelligences ont progressé, on s'est convaincu que le certain et l'éternel n'étaient pas de ce monde, et que notre civilisation surtout manquait de tempérament ; c'est pourquoi on se contente de vivre au jour le jour, et ce qui promet un lendemain suffit aujourd'hui aux prêteurs ; du reste, comparée à celle de l'Angleterre, à laquelle nous empruntons toutes nos grandes réformes financières, notre dette n'est-elle pas insignifiante, bien que nous ayons augmenté nos emprunts depuis 1854 pour une valeur en capital de 2 milliards ? Nos voisins doivent 20 milliards et nous 9, et quand nous aurons comme eux un intérêt de 717 millions et demi à défalquer de nos recettes, avant toutes choses, nous nous ferons sages, nous nous étudierons à atténuer notre passif, et nos fonds s'élèveront au niveau des consolidés du Royaume-Uni par l'amortissement sévèrement appliqué.

Tous les Etats nous imitent, malheureusement ; la Russie, la Turquie, Naples, la Toscane, etc., qui jusqu'à présent avaient résisté à l'entraînement, cèdent à la contagion, soit par l'effet de la nécessité, soit pour cause de défense. Bordeaux ne peut donc enrayer le char social, et du reste, on le sait, la parcimonie du passé a vidé tellement la caisse, que le 31 décembre a été enregistré comme des plus néfastes dans nos annales municipales.

Les meilleures intentions sont perdues si elles ne sont pas converties en actes.

Nous avons signalé les docks comme étant d'une extrême nécessité à Bordeaux ; nous ne voulons pas dire des bassins creusés seulement dans le but d'acquérir quelques mètres de quais, mais des entrepôts bordant ces bassins, facilitant la mise en magasin des marchandises, la vérification, le conditionnement avec toute la régularité et la célérité que nécessite leur conservation, enfin la création des warants qui, on le sait, offrent au public des avantages qui centuplent les affaires.

Bordeaux, plus que tout autre port, éprouve ce besoin. La cherté de la main-d'œuvre et des transports, l'éloignement de son entrepôt, la configuration de sa rade forceront avant peu à opérer ces réformes dont on aura une idée en sachant qu'à Londres, dans un espace de trente ans, les frais de toutes sortes ont diminué de 80 p. 100. D'après Eugène Flachat, en profitant de l'expérience acquise, nous pourrions réaliser des établissements aussi utiles et bien moins coûteux que ceux de nos voisins et dont les tarifs offriraient des économies très considérables.

On se moquerait de nous si nous recommandions à notre municipalité le patronage exclusif de ces réformes ; on nous dirait ; cela regarde la Chambre de Commerce ou les Compagnies ; mais nous répondrons : Qu'est-ce qui doit encourager les Compagnies, sinon ceux qui en profiteront, et dans d'autres villes l'exemple des subventions indirectes est-il donc insolite ? Pourquoi donc refuserions-nous de nous aider dans une mesure d'une portée immense ? Si nous ne nous décidons, rien ne se fera, et tous enjolivements en dehors de l'utile laisseront Bordeaux ce qu'il est : un corps sans âme.

Nous ne savons si les casernes de Bordeaux appartiennent à la ville ou à l'Etat ; toujours est-il qu'elles ne sont pas appropriées à leur destination. La menace d'une garnison n'est plus considérée aujourd'hui comme une punition, au contraire ; dès-lors, soit comme sauvegarde, soit dans un but mercantile, nous devrions construire une caserne de cavalerie, une d'artillerie et d'infanterie ; nous ne serions pas sous ce rapport plus mal partagés que Toulouse. Quelques subventions à ce sujet décideraient le gouvernement à ces entreprises, et les locaux échangés contre des emplacements plus salubres contribueraient ou à l'embellissement de la ville par des promenades intérieures, ou à l'agrandissement des halles, ce qui aurait son prix.

Dans l'exposé de notre programme, le sort des enfants abandonnés nous préoccupe ; leur nombre est grand en France (125,000). Bordeaux en a 3,000 pour sa part et l'institution bordelaise exige des réformes complètes. Au lieu de dépenser des sommes à entretenir un établissement salpêtré du haut en bas, mal situé sous le rapport économique, ne serait-il pas mieux de n'avoir qu'une succursale et de fonder dans les campagnes des asiles agricoles à l'instar de la Belgique, de la Hollande et de la Suisse ? Cette réforme tentée par la ville, et qui obtiendrait l'aide de l'Etat, permettrait la réouverture des crèches qui donnent la vie, tandis que leur fermeture propage le crime et la mort ; l'économie que procureraient ces écoles, tout en permettant un plus grand nombre d'admissions, tournerait à la moralité des enfants tout autant qu'à leur amélioration physique, plus de santé, plus de force, plus d'ouvriers attachés à la terre, moyen sérieux de diminuer la cherté des vivres, de vivifier la société par l'élément qui aujourd'hui la menace le plus.

La brillante réussite du magnifique établissement d'Hofvil a popularisé en Suisse les asiles agricoles. Il s'en est créé 32 depuis ; ils ont pour but de faire l'éducation des enfants abandonnés, mendiants ou orphelins des deux sexes ; cette éducation se donne aux frais des villes, des sociétés de charité ou des dons volontaires et moyennant une pension qui ne dépasse pas 50 fr. par an et par tête. Cette somme ne serait pas suffisante, mais à mesure que l'enfant avance en âge il procure aux asiles un bénéfice qui s'augmente annuellement. Ainsi qu'on l'a fait remarquer, il en coûte beaucoup moins pour retirer ces enfants de la mendicité qu'il n'en coûte en France pour les y laisser d'une manière fatale, et la France compte 15 p. 100 de pauvres, ce qui prouve qu'elle s'éloigne du travail agricole.

Le mérite de ces fondations est si bien reconnu, l'éducation y est si bonne, si pratique, que des particuliers aisés y placent très fréquemment leurs enfants pour les élever dans l'habitude du travail, leur donner l'éducation religieuse, sans aucun effet ici, parce que les enfants voient dans leurs familles le contraire de ce qu'on cherche à leur inculquer.

L'école des pauvres aurait plus d'un côté avantageux ; elle profiterait aux campagnards comme aux citadins en nourrissant ceux-ci, en aidant ceux-là. La propriété expirante renaîtrait et, de ce côté, l'humanité dégénérée rachèterait ainsi cette pauvreté sanguine de plus en plus envahissante, occasionnée souvent par la vie cellulaire des hospices. Une des passions violentes de notre époque, nous l'avons dit, gît dans le nouveau, l'imprévu, l'étrange ; le monde veut la hardiesse ; ce qu'il déteste, ce sont les sentiers battus ; ce dont il est avide, ce sont les réformes ; mais ce dont il veut avec frénésie surtout, c'est la satisfaction de ses besoins. Eh bien, quelque argent placé de la sorte sèmerait des moissons abondantes ; tout le monde s'en ressentirait, enfants et société. Du reste, ce n'est pas l'élargissement de l'action municipale qui devrait trouver des opposants chez nous : son cadre de plus en plus rétréci demande quelque élasticité, et tout ce qui touche au côté humanitaire, tout mouvement du gouvernail dans cette direction engendrerait des miracles. Espérons quelques tentatives dont le résultat guérira la plus dangereuse plaie de l'époque, le paupérisme dans le luxe !

Après ces victoires remportées au détriment du banal, nous entrerions (nous avons, bien entendu, admis tout le programme municipal et surtout l'amenée des eaux) avec ardeur dans la carrière des enjolivements de bon aloi : les alignements, réparations des églises, musées, bibliothèques, fontaines, l'agencement des Quinconces, si défectueux, si hachés, si incorrects, si déparés par ces difformes pâtés (bains publics) ; la création d'un bois de Boulogne, joint à un jardin zoologique, serait notre second service ; mais second service d'autant plus luxueux que, par l'effet des institutions plus haut indiquées, nous aurions le pouvoir de réaliser royalement notre programme.

Trente millions ne seraient pas utiles tout à fait; mais peu s'en faut. Nous déduirions pourtant les recettes que donnerait à la ville une population plus nombreuse, attirée par l'exécution de ces travaux, et qui s'y fixerait par l'augmentation des affaires qui en découleraient.

Les bassins de carènage pourraient, dans ce chiffre, être creusés avec l'aide de la Municipalité; ainsi Bordeaux se métamorphoserait en peu d'années par la pente naturelle du progrès, mais du progrès productif par le travail.

Nous pensons aussi que l'on pourrait aider à la création d'un jardin de viticulture si utile dans nos contrées qui tirent leurs richesses de cette culture. A Dijon, à Auxerre, à Munich, on a su mettre en pratique cette idée, et comme il y a dans cette partie tant à étudier, nous pensons que l'intérêt de tous est si évident que notre Municipalité se déciderait à aider à fonder une école qui ferait plus que la gloire, mais bien la richesse de la Gironde.

Certains esprits vont nous accuser de prolixité. Quoi! n'est-ce pas assez d'entretenir un vaste périmètre de pavés, d'égouts, d'alignements; de réparer des musées, des marchés, des casernes, des ponts, des fontaines, etc., etc.? mais alors la bourse de Crésus n'y suffirait pas! Non content de l'intérieur, on nous obsède pour l'extérieur. Du reste, nommé maire de Bordeaux, nous ne devons nous occuper que de Bordeaux! C'est justement ce que nous conseillons et c'est tout un; le temps approche où l'on comprendra la fragilité de ces raisons surannées. Quoi! ces bourgeois innocents, après avoir arrondi leurs finances, s'être huchés commodément dans ces confortables ruches coquettes, blanches et alignées; après avoir renversé en tous points l'ancien état de choses sans nulle compensation ou sécurité pour l'avenir; après avoir prêché d'exemple dans les mille péchés mignons qui conduisent au pur-

sybaritisme, s'imaginent naïvement que ceux qui les nourrissent consentiront toujours à faire ce petit métier de dupe? Ce léger rationalisme s'est propagé chez le prochain qui ne veut plus aujourd'hui affronter les rhumes, les courbatures, les coups de soleil que, pour lui seul; dès-lors, comprenons la portée de ce fait nouveau que résume ce dicton moderne si répandu :

La terre est trop basse, il faut trop se baisser.

Eh bien! si l'on en comprend la portée, cela veut dire misère et famine, etc., etc.; et si l'on n'y prend garde, si l'on continue à être rétifs, indociles, indomptables au sujet de ces sinistres avertissements, si l'on n'opère pas par une large direction agricole les réformes que nous avons légèrement ébauchées, ce n'est pas vous ni moi qui en patirons, mais le pays, mais la civilisation!

Il importe d'arriver à tout prix à ce but, dont les villes surtout doivent s'occuper; l'on doit viser à ce que les bras ne manquent plus au sol, hors lequel point de salut.

Nos lecteurs ont dû remarquer notre divergence d'opinion en matières économiques, visant aussi bien à l'intérieur qu'à l'extérieur; c'est pour avoir trop choyé celui-ci au détriment de celui-là que l'habitant des villes, quoique bien tardivement, commence à s'apercevoir de l'utilité de l'habitant des campagnes. L'action gouvernementale, on ne le sait que trop, ne peut suffire à tout; il est donc bon et juste que l'action locale se fasse sentir. Serait aveugle celui qui se refuserait à entrer dans cette voie de réformes sous prétexte de précédents; il est des cas de salut public où la nécessité fait loi.

En négligeant momentanément la percée de la rue de la Mairie, dont le chiffre élevé nous semble pourtant entaché de modération, on arriverait promptement par de légères subventions à opérer les innovations intérieures et surtout extérieures que nous avons indiquées; on comprend que les sociétés de charité ou industrielles, que l'aide même du gouvernement ne failliraient pas, et que, par la réunion de toutes ces forces, l'administration municipale n'aurait guère que le rôle principal de pionnier.

Le chiffre de 30 millions, qui soulèvera chez plusieurs de dures imprécations, ne serait donc pas ainsi un chiffre inexorable; l'emprunt à opérer suffirait, dans ce cas. Toutefois, obligé de nous prononcer sans compromis pour l'un ou l'autre, nous n'hésiterions pas un instant à appuyer le premier. Mais qu'on s'en souvienne, le système mixte offrirait des compensations qui ne sont pas à dédaigner.

Cette explication donnée, il ne nous reste qu'à en appeler une dernière fois à l'opinion publique, en nous inclinant, quel que soit son jugement sur la question en litige. Confessons que les améliorations indiquées ne sont pas nôtres, qu'elles sont, bien au contraire, l'expression des faits dominants de notre constitution sociale. Qui nous a façonnés ainsi? d'où proviennent ces effets bizarres? quelles sont leurs causes? Mystérieux abîmes desquels il vaut mieux détourner le regard tout en se gardant de les méconnaître. Quoiqu'il arrive, obscur rejeton d'une époque oubliée peut-être, imbu de préjugés d'un autre temps, victime de ces dislocations que nous annoncent les échos du nouveau monde, nous serions, par la dure expérience opposé à toute innovation qui, à nos yeux, dénature hommes et choses, mœurs et coutumes; aussi n'osons-nous patronner que des réformes qui nous paraissent entrer dans les idées d'utilité, de saine rénovation, de justice ; axiome le plus certain, le moins abstrait, le plus habile quand on sait l'appliquer à propos. Qu'on nous écoute ou non, nous n'aurons pas eu la prétention de voir mieux, mais autrement que plusieurs; et cette pensée que nous empruntons à l'auteur de la *Démocratie,* nous la complétons par un regret pour le passé, moins de futilité pour le présent et plus de soins pour l'avenir.

www.ingramcontent.com/pod-product-compliance
Lightning Source LLC
Chambersburg PA
CBHW060607050426
42451CB00011B/2131